# ASESOR EXPERTO Y ESTRATEGIAS DE TRADING DE FOREX

**WAYNE WALKER**

© Copyright 2018 por Wayne Walker, Todos los Derechos Reservados.

Este libro fue escrito con la meta de proveer información tan precisa y confiable como sea posible. Se debe consultar con profesionales antes de realizar cualquiera de las acciones documentadas en este libro.

Esta declaración es considerada justa y válida tanto por el American Bar Association como por el Committee of Publishers Association y es legalmente vinculante en todo Estados Unidos.

Además, la transmisión, duplicación o reproducción de cualquiera de los siguientes documentos, incluida la información precisa, será considerado un acto ilegal, independientemente de si se realiza de forma electrónica o impresa. La legalidad se extiende a la creación de una copia secundaria o terciaria del documento o una copia grabada y solo se permitirá con el consentimiento expreso por escrito del Editor. Todos los derechos adicionales están reservados.

La información en las siguientes páginas se considera en general como una descripción verídica y precisa de los hechos, y como tal, cualquier falta de atención, o uso indebido de la información en cuestión por el lector representará cualquier acción resultante exclusivamente bajo su responsabilidad. No hay escenarios en los que el editor o el autor de este documento pueda ser considerado responsable de las dificultades o daños que pueda sufrir después de realizar la información aquí descrita.

# ÍNDICE

INTRODUCCIÓN ..................................................................... 5

CAPÍTULO 1: La Anomalía del Día de la Semana ........................ 7

CAPÍTULO 2: Primera Mejora: Estrategia del Efecto del Día de Semana .................................................................................. 19

CAPÍTULO 3: Efecto del Día de Semana: Introducción a la Volatilidad ............................................................................. 27

CAPÍTULO 4: ¿Cuáles son las Ganancias Realistas a las que Debemos Apuntar en el Mercado? .......................................... 37

CAPÍTULO 5: Crecimiento Rápido a Corto Plazo versus Crecimiento Lento a Largo Plazo ............................................ 41

CAPÍTULO 6: Los Grandes versus Pequeños Traders ................. 45

CAPÍTULO 7: La Estrategia de Martingala Explicada ................. 53

CAPÍTULO 8: Uniéndose a los Ganadores – Cómo los Profesionales Manejan sus Negocios ...................................... 59

CONCLUSION ....................................................................... 65

PERFIL DEL AUTOR ............................................................. 67

# INTRODUCCIÓN

Este libro expandirá su conocimiento del trading a medida que nos adentremos en el mundo del trading automático y las estrategias de trading de Forex. El objetivo es proporcionarle información comercial útil y práctica. No hay historias alocadas e increíbles en la literatura financiera, que a menudo serán las que usted y otros lectores encontrarán en este mundo financiero. Prefiero compartir las cosas interesantes que he experimentado durante mis negocios y proporcionar una visión de cómo realmente funcionan las cosas.

Como inversionista o trader, en algún momento se encontrará con publicaciones en línea que dirán "la mejor estrategia de ruptura". También encontrará artículos de investigación y libros que explican los rendimientos promedio de varias estrategias y proporcionaran estadísticas sobre ellos. Ahora, qué pasa si se pregunta, ¿realmente funcionan? y luego comenzar con el proceso de prueba. Como trader, es importante saber cómo se calculan los resultados simulados y también necesitará que sean lo más precisos posible. Procedamos a probar algunas estrategias y sistemas diferentes de comercio.

**NOTA:** El formato de los primeros tres capítulos tiene la forma de una aventura en el mundo del trading en la que se introducirá, probará y luego perfeccionará una estrategia.

# CAPÍTULO 1:
## La Anomalía del Día de la Semana

La investigación ha demostrado que las acciones y otros mercados tienden a moverse más los viernes que los lunes. Para probar esto, mi colega y yo recopilamos datos históricos de 2001 a 2016.

Usamos una división de aproximadamente 80/20 donde el 80% estaba en estimación y el resto en pronóstico

**Nota: Modelo de Estimación – Modelo de Pronostico**: Hablando en estadística, lo que en la mayoría de los casos significa usar datos pasados para hacer pronósticos del futuro. En estimación se refiere a los datos que tiene y en pronóstico a los datos que no tiene pero que quiere pronosticar.

**La Señal**

El mercado de divisas fue el principal mercado para nuestra prueba. Para comenzar, tuvimos el problema con el horario de verano que requería que compensáramos la configuración de la hora. Luego, tuvimos que seleccionar qué hora del día sería la más óptima para el comercio, en caso de que utilicemos el cierre de sesión en Europa, Nueva York o Asia. Para mantener las cosas relativamente simples, compramos en la abertura del viernes (europeo) y mantuvimos las posiciones abiertas al día siguiente.

Con el efecto del día de semana del viernes, compramos a las 00.00 y vendimos a las 00.00 del lunes. Esto requería que tuviéramos que tomar en cuenta la brecha (fin de semana), pero no lo consideramos un problema grave. El tiempo tampoco fue un factor significativo porque los factores desencadenantes de la volatilidad ocurren cuando el mercado está abierto. Por lo tanto, si no cerramos el viernes por la tarde pero mantenemos las posiciones abiertas hasta el lunes, no habría tenido un impacto notable porque el mercado no se mueve cuando está cerrado.

## Información

Nuestro periodo de tiempo de estimación fue del 01.01.2001 al 31.12.2011 y el período de pronóstico fue del 01.01.2012 al 01.06.2016. El instrumento negociado fue el EURUSD.

## Estrategia Básica

Comenzamos con nuestra estrategia básica y sin ningún cambio en los parámetros. La estrategia es comprar en el primer tic después de las 00.00 del viernes y vender en el primer movimiento de precio el lunes (00.00). Esto es algo diferente de lo que se ha proporcionado en estudios anteriores que utilizan Excel o cualquier otro programa que mida el cambio en el precio promedio desde el día de apertura hasta el cierre (próximo día de apertura). Utilizamos datos de tics y un simulador que nos permite simular el entorno comercial real para obtener resultados lo más precisos posible.

**Nota: Tic:** Un tic es una medida del mínimo movimiento en el precio de una garantía. Un tic también puede referirse al cambio en el precio de una garantía entre comercios.

**Primeros Resultados**

Para comenzar, no incluimos ninguna orden de detención de pérdidas ni toma de ganancias. Tampoco hicimos ningún otro ajuste en la estrategia, nuestro período de prueba fue del 01.01.2005 al 26.08.2016.

Los resultados fueron los siguientes:

| Resultados | |
|---|---|
| Ganancia promedio | -1.57 |
| Suma de ganancias | -897.84 |
| Transacciones ganadas | 297 |
| Transacciones totales | 572 |
| Desviación típica | 96.55 |
| Numero Rel | -0.39 |

Fueron decepcionantes, la pérdida total fue de –897 USD. Claramente, la estrategia básica necesitaba algunos ajustes para mejorar los resultados.

**Adición de Filtro de Tendencia de Media móvil Exponencial**

Aplicamos el filtro de tendencia 20 EMA, 60 EMA y 100 EMA. Una media móvil exponencial (EMA) es un tipo de media móvil que es similar a una simple, excepto que se le da más peso a los últimos datos. También se conoce como la media móvil ponderada exponencialmente. Este tipo reacciona más rápido a los cambios de precios recientes que una media móvil simple. Para algunos esto puede parecer aleatorio, pero este filtro fue elegido debido a la cantidad de días que cuenta.

20 EMA = 20 días hábiles es un mes

60 EMA = 60 días hábiles es igual a tres meses

100 EMA = 100 días hábiles equivale a cinco meses Filtro de tendencia: 20EMA> 60EMA> 100EMA El gráfico ilustra el filtro de tendencia:

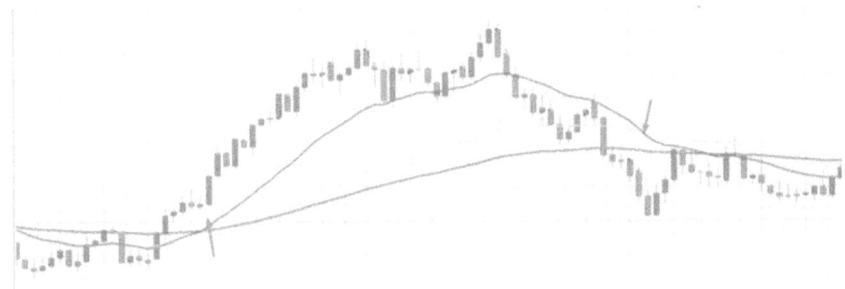

Puede ver que solo abrió operaciones cuando los 20 EMA (línea superior) están por encima de los 60 EMA (en el centro) y los 60 EMA están por encima de los 100 EMA (abajo). Solo podría haber usado los 20 EMA> 100 EMA pero eso habría tenido más volatilidad o señales de entrada falsas. Quería que ambas tendencias 60 EMA> 100 EMA y 20 EMA> 60 EMA (largo y corto plazo) estuvieran en alza.

Obtuvimos los siguientes resultados:

| | Ganancia promedio | Suma de ganancias | Transacciones ganadas | Transacciones totales | Desviación típica | Número Rel |
|---|---|---|---|---|---|---|
| Estrategia básica | -2 | -898 | 297 | 572 | 97 | -0.39 |
| 20EMA>60EMA>100EMA | 6 | 1832 | 178 | 322 | 86 | 1.19 |
| 20EMA<60EMA<100EMA | -12 | -1831 | 68 | 147 | 103 | -1.47 |

Para comparar dos o más sistemas no basta con solo examinar las ganancias. Esto se debe a que la ganancia es solo uno de los indicadores. Es igual de importante el número de operaciones y la volatilidad. No tiene sentido tener un solo sistema con una sola o varias operaciones rentables y muchas pérdidas. Esas pocas operaciones rentables podrían ser aleatorias, podrían ser cisnes negros que probablemente no se repetirán en el futuro, por lo tanto, no queremos ver demasiadas variaciones. La fórmula para el número Rel es:

$$Rel = \frac{Average\ profit}{Standard\ deviation\ of\ profit} * \sqrt{\#\ of\ trades}$$

Rel: ganancia promedio/desviacion tipica de la ganancia # de transacciones

Por lo general, puede esperar mejores resultados de una estrategia con muchas transacciones que una con solo unas pocas. Para resumir, cuanto mayor sea el número Rel, mejor será el sistema de transacciones.

Una cosa que podemos concluir es que al aplicar el filtro para una tendencia a la alza obtuvimos mejores resultados que con la estrategia básica. La otra es que esta estrategia funciona mejor en un mercado de tendencia a la alza que en una tendencia a la baja, tuvimos resultados negativos en un mercado a la baja. También tuvimos un mejor número Rel con un filtro de tendencias.

### Filtro de Volatilidad

Nuestra opinión es que la volatilidad también es un indicador importante. La volatilidad cambia constantemente, por lo que la comparación de la volatilidad reciente también tendrá sentido. Comparamos el rango promedio de 10 días con el rango promedio de 1 día. Esto nos permite ver el exceso de volatilidad y lo contrario. Usar esta configuración es lo mismo que decir que la volatilidad de hoy se compara con la volatilidad promedio de los últimos 10 días de transacciones (dos semanas).

Obtuvimos los siguientes resultados:

| | Ganancia promedio | Suma de ganancias | Transacciones ganadas | Transacciones totales | Desviación típica | Número Rel |
|---|---|---|---|---|---|---|
| Estrategia básica | -2 | -898 | 297 | 572 | 97 | -0.39 |
| 20EMA>60EMA>100EMA | 6 | 1832 | 178 | 322 | 86 | 1.19 |
| 20EMA<60EMA<100EMA | -12 | -1831 | 68 | 147 | 103 | -1.47 |
| ATR(1)>ATR(10) | -2 | -356.74 | 73 | 143 | 82 | -0.4 |
| ATR(1)<ATR(10) | 12 | 2188.62 | 105 | 179 | 88 | 1.9 |

Los resultados mostraron que el exceso de volatilidad de los jueves destruyó esta estrategia, lo que significa que si el rango del jueves anterior está por encima de la volatilidad de las dos últimas semanas, es malo para la estrategia. Sin embargo, si ocurre lo contrario, el rango es menor que el rango promedio de los últimos diez días, ganaremos dinero con esta estrategia. Si no lo entiende en este momento, lo entenderá más adelante. Por ahora, entienda que esta estrategia funciona bien cuando hay una tendencia a la alza y la volatilidad es menor que en las dos semanas anteriores. Como inversionista o trader, comprará cuando vea que los EURUSD estén en una tendencia a la alza tanto a corto como a largo plazo. También vimos que mejoramos el número Rel, hicimos menos transacciones pero aumentamos las ganancias. Una disminución en la volatilidad aumentó nuestro número Rel, que es muy bueno. Recuerde que no queremos apostar, solo negociamos cuando es apropiado y gracias a eso nuestro número Rel ha mejorado de 1.19 a 1.9.

**Apostar o Invertir con Riesgo Calculado = ¡Orden de Detención de Perdidas!**

Por lo general, evito hacer transacciones sin una orden de detención de perdidas, necesito saber a qué me arriesgo en cada transacción en particular. Usando mi fórmula personal, determine que la orden de detención de perdidas correcta para esta estrategia era de 50 pips.

Los resultados, introduciendo una orden de detención de perdidas disminuyeron la volatilidad. Puede ver en (Tabla 1) que mejoramos el número Rel y disminuimos el número de transacciones ganadoras. El aumento en el número Rel significó que hubo varias transacciones que se movieron más de 50 pips en contra de nosotros antes de que volvieran a obtener ganancias. Esto para mí es similar a las apuestas, preferiría excluir tales transacciones y establecer una orden de detención de pérdidas en 50 pips.

**Tamaño de la Posición y Porcentaje Fijo por Transacción**

¿Alguna vez ha hecho una transacción sin considerar que si pierde por encima de un porcentaje fijo de su capital, debería cerrar la transacción? En el comercio no se recomienda, nunca abro una transacción sin calcular el riesgo. Ahora pasaremos al concepto de un porcentaje fijo. Aquí es donde el tamaño de la cantidad total será una función de nuestra orden de detención de pérdidas y una tolerancia de riesgo del 1%. Está expuesto a más riesgos cuando aumenta su capital y a menos cuando disminuye su capital.

Con el tamaño de la posición aumentamos nuestra ganancia general, pero también aumentamos la volatilidad en nuestra curva de capital, por lo que nuestro número Rel disminuye ligeramente. Preferiría incluir una gestión del tamaño de la posición que confiar en un número Rel más alto.

## Tabla 1

| | Ganancia promedio | Suma de ganancias | Transacciones ganadas | Transacciones totales | Desviación típica | Número Rel |
|---|---|---|---|---|---|---|
| Estrategia básica | -2 | -898 | 297 | 572 | 97 | -0.39 |
| 20EMA>60EMA>100EMA | 6 | 1832 | 178 | 322 | 86 | 1.19 |
| 20EMA<60EMA<100EMA | -12 | -1831 | 68 | 147 | 103 | -1.47 |
| ATR(1)>ATR(10) | -2 | -356.74 | 73 | 143 | 82 | -0.4 |
| ATR(1)<ATR(10) | 12 | 2188.62 | 105 | 179 | 88 | 1.9 |
| 50 pips SL | 11 | 2024.08 | 87 | 179 | 66 | 2.3 |
| Tamaño de la posición | 13 | 2280 | 85 | 179 | 77 | 2.22 |

*Modelo de estimación de la curva de capital con el tamaño de la posición*

**Prueba de Pronostico**

Realizamos una prueba de pronóstico en el periodo comprendido entre 01.01.2012 y 01.08.2016

| | Ganancia promedio | Suma de ganancias | Transacciones ganadas | Transacciones totales | Desviación típica | Número Rel |
|---|---|---|---|---|---|---|
| Estrategia básica | -2 | -898 | 297 | 572 | 97 | -0.39 |
| 20EMA>60EMA>100EMA | 6 | 1832 | 178 | 322 | 86 | 1.19 |
| 20EMA<60EMA<100EMA | -12 | -1831 | 68 | 147 | 103 | -1.47 |
| ATR(1)>ATR(10) | -2 | -356.74 | 73 | 143 | 82 | -0.4 |
| ATR(1)<ATR(10) | 12 | 2188.62 | 105 | 179 | 88 | 1.9 |
| 50 pips SL | 11 | 2024.08 | 87 | 179 | 66 | 2.3 |
| Tamaño de la posición | 13 | 2280 | 85 | 179 | 77 | 2.22 |
| Modelo de pronóstico | 5 | 189 | 19 | 37 | 49 | 1 |

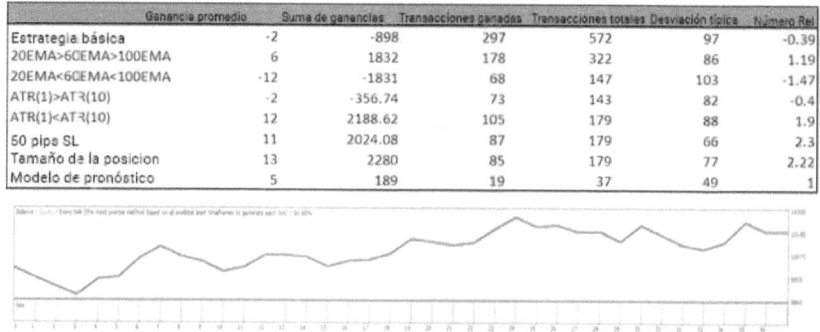

*Curva de capital con el modelo de pronóstico*

Los resultados no fueron tan prometedores, tuvimos una suma de ganancias de 189 USD, el capital inicial fue de 10,000 USD, lo que equivale a un retorno de 1.89%. También obtuvimos un número Rel más pequeño que no era muy bueno. La reducción máxima recibida que fue de 289 USD estuvo muy por encima de la suma de ganancias. Obviamente, no estaba satisfecho con estos resultados.

**Resumen**

Hemos dado varios pasos para mejorar la estrategia del Día de Semana. Lo que sí podemos decir con seguridad es que no ganará dinero cuando incluya los costos de transacción en la estrategia básica. Esta estrategia funciona mejor en un mercado de tendencia a la alza. Como trader experimentado, creía que el plazo podría ser el problema. La estrategia podría haber sido más rentable, pero no le dimos el tiempo suficiente. La orden de detención de pérdidas de 50 pips fue suficiente, pero por otro lado cerramos nuestra transacción el lunes, independientemente de los resultados se necesitan más mejoras en la estrategia.

Mantendremos la misma estrategia de entrada para el próximo capítulo, pero la gestión debe ser diferente. Al realizar transacciones con esto, será necesario incluir una función de toma de ganancias de la volatilidad semanal o la detención de arrastres. Estas mejoras necesarias se verán en los siguientes capítulos.

# CAPÍTULO 2:
Primera Mejora: Estrategia del Efecto del Día de Semana

Avanzamos para hacer nuestra primera mejora a la estrategia de efecto del día de semana del capítulo pasado. Lo que señalaré como la debilidad del efecto del día de semana es la forma tradicional de realizar la transacción. Esta debilidad es cerrar la transacción el lunes por la mañana porque está asumiendo cierto riesgo incluso cuando está utilizando una orden de detención de pérdidas. Sin embargo, si no le damos a la transacción el tiempo suficiente, no obtendremos el máximo beneficio posible. Una regla simple de comercio pero muy respetada es "reducir sus pérdidas y dejar que sus ganancias se lleven a cabo".

Después de examinar la estrategia, me di cuenta de que solo ganaba dinero porque tenía algunas transacciones buenas que se movían 300 a 400 pips durante un día. Desafortunadamente, esto es poco frecuente e incluye muchos inconvenientes que preferiría no tener en mi portafolio. Ahora veremos la diferencia en el capital utilizando algunas formas diferentes de gestionar el comercio, nuestra señal de entrada sigue siendo la misma. También verá por qué es importante incluir la volatilidad en la planificación.

### Método

Usando la misma señal comercial, pero el viernes abrimos con 20EMA> 60EMA (esta vez hemos excluido a los 100 EMA). El tamaño de la cantidad es 0.1 y un saldo inicial de 10,000 USD. La declaración de cierre del lunes fue eliminada y tuvimos una orden de detención de pérdidas y una toma de ganancias. Dividimos los datos en estimación y pronostico. En la estimación optimizamos los diferentes parámetros y luego realizamos una prueba de pronóstico para ver si la estrategia optimizada funciona bien o no. También aumentamos el rango de nuestros datos de estimación de 01.01.1990 a 01.01.2012. Usamos una orden de detención de pérdidas ajustada, una detención de arrastre y un punto de equilibrio, llamamos a este método No Vols porque no incluimos la volatilidad en ninguna de las pruebas.

## Orden de Detención de Pérdidas y Toma de Ganancias

Nuestra estrategia optimizó la orden de detención de pérdidas y la toma de ganancias entre 100 y 600 para ver si los resultados se mantienen o no. Se obtuvo una orden de detención de pérdidas óptima de 400 y una toma de ganancias de 600. Recibimos una ganancia total de 86,413 USD y un número Rel de 7.09 que aún no pudimos comparar porque en esta prueba habíamos incluido 11 años adicionales de datos anteriores. Era necesario combinar esto con otros métodos de gestión de comercio y ver cuál era el mejor para administrar después de que se había ejecutado una transacción. Lo que pudimos comparar fue la ganancia promedio, aumentó a 138 USD, donde no fue más de 2,2 en la prueba anterior, solo porque permitimos que nuestra transacción se prolongara más.

| Método | Ganancia promedio | Suma de ganancias | Transacciones ganadas | Transacciones totales | Desviación típica | Número Rel |
|---|---|---|---|---|---|---|
| Only SL & TP | 138 $ | 86,413 | 357 | 626 | 486.8007082 | 7.09 |

*Grafico mostrando el capital con una orden de detención de pérdidas y una toma de ganancias*

*Aquí y en otros gráficos SL significa orden de Detención de Perdidas y TP toma de ganancias por su siglas en inglés*

### Orden de Detención de Pérdidas, Toma de Ganancias y Punto de Equilibrio

La mayoría de los traders están familiarizados con el punto de equilibrio, aquí es donde modifica sus paradas cuando el mercado se ha movido una cierta cantidad a su favor y esto se incluyó en nuestra estrategia. Es bueno tener un punto de equilibrio porque si no usa uno, existe el riesgo de que, incluso después de obtener una ganancia, finalice la transacción con una pérdida. Vimos 71,480 USD en ganancias y 6,99 de Rel, un poco menos que sin el uso de un punto de equilibrio. Disminuyó la volatilidad en la curva de capital, pero también disminuyó la ganancia, lo que significa que fuimos detenidos varias veces porque habíamos cambiado nuestra orden de detención de pérdidas a punto de equilibrio, por lo que esto fue un intercambio entre riesgo y recompensa, redujimos nuestro riesgo, pero también obtuvimos menores rendimientos.

| Método | Ganancia promedio | Suma de ganancias | Transacciones ganadas | Transacciones totales | Desviación típica | Número Rel |
|---|---|---|---|---|---|---|
| Only SL & TP | 138 $ | 86,413 | 357 | 625 | 487 | 7.09 |
| SL & TP & Breakeven | 114 $ | 71,480 | 428 | 625 | 408 | 6.99 |

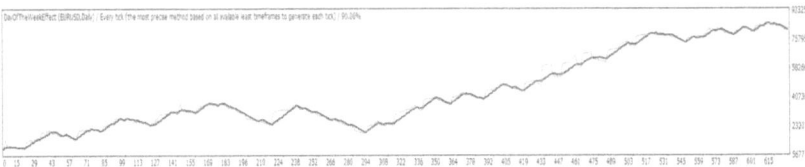

*Grafico mostrando el capital con una función de punto de equilibrio, obtuvimos una curva más suave*

**Orden de Detención de Pérdidas y Detención de Arrastre**

En esta estrategia utilizamos los promedios móviles, realizamos transacciones cuando el mercado estaba en una tendencia a la alza. Es importante que recuerde el dicho: "recorte sus pérdidas y deje fluir sus ganancias". Es correcto tener una orden de detención de perdidas, pero una toma de ganancias predefinida limitaría nuestras ganancias en una tendencia a la alza porque no sabemos exactamente qué tan alto subirá. Por lo tanto, tuvimos que excluir la toma de ganancias y en su lugar agregamos una función de detención de arrastre. Gracias a esto incrementamos nuestra ganancia promedio a 350 USD por transacción, nuestras ganancias generales a 213,636 USD y nuestro número Rel a 9.89. Cuando incluimos la función de punto de equilibrio, solo teníamos 151,194 USD para una ganancia y un número Rel de 8.20, que fue inferior al que recibimos al usar solo una orden de detención de pérdidas y una detención de arrastre. No incluiré la función de punto de equilibrio para esta estrategia en el futuro. Remontaremos la caída por debajo de los mínimos más recientes.

| Metodo | Ganancia promedio | Suma de ganancias | Transacciones ganadas | Transacciones totales | Desviación típica | Número Rel |
|---|---|---|---|---|---|---|
| Only SL & TP | 138 $ | 86,413 | 357 | 626 | 487 | 7.09 |
| SL & TP & Breakeven | 114 $ | 71,480 | 428 | 626 | 408 | 6.99 |
| SL & TP & Trailingstop | 350 $ | 213,636 | 305 | 610 | 875 | 9.89 |
| SL & TP & Breakeven & Trailingstop | 242 $ | 151,194 | 425 | 626 | 737 | 8.20 |

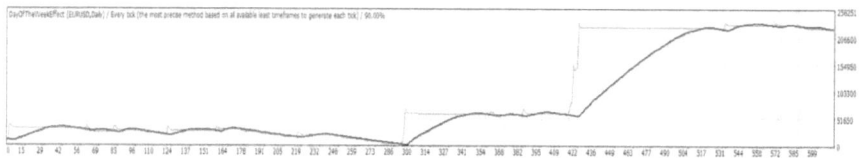

*Grafico mostrando el capital con funciones de detención de pérdidas y arrastre*

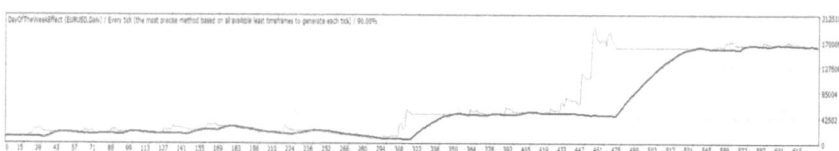

*Grafico mostrando el capital con funciones de detención de pérdidas punto de equilibrio y arrastre*

**Prueba de Pronostico**

El período de la prueba de pronóstico fue del 01.01.2012 al 01.09.2016. Obtuvimos resultados muy decepcionantes, para ser más claros, perdimos todo nuestro capital comercial y nos detuvimos. Como traders, queremos saber si nuestros resultados serán válidos en el futuro. También sabemos que hay diferentes maneras de administrar las transacciones que mejorarán nuestros resultados.

La volatilidad es muy importante, el EURUSD ha estado operando en un rango desde 2014, por lo tanto, no se debe usar una orden de detención de pérdidas y una toma de ganancias optimizada en el período anterior, ninguna de las herramientas de administración de comercio es dinámica o válida sin tener en cuenta la volatilidad.

| Método | Ganancia promedio | Suma de ganancias | Transacciones ganadas | Transacciones totales | Desviación típica | Número Rel |
|---|---|---|---|---|---|---|
| Only SL & TP | 138 $ | 86,413 | 357 | 626 | 487 | 7.09 |
| SL & TP & Breakeven | 114 $ | 71,480 | 428 | 626 | 408 | 6.99 |
| SL & TP & Trailingstop | 350 $ | 213,636 | 305 | 610 | 875 | 9.89 |
| SL & TP & Breakeven & Trailingstop | 242 $ | 151,194 | 425 | 626 | 737 | 8.20 |
| Out of Sample | -127 $ | (9,770) | 22 | 77 | 216 | -5.16 |

*Grafico mostrando el capital con los resultados de una prueba de pronóstico*

**Resumen**

Mostramos la importancia de los diferentes estilos de gestión comercial y la importancia de la volatilidad en nuestra estrategia. El mercado actual podría ser diferente del mercado que teníamos durante nuestro período de prueba. El EURUSD fue nuestro par de prueba y mientras en segundo plano en el 2013 los mercados de valores estadounidenses y europeos alcanzaron máximos históricos, las personas esperaban una caída o una excusa para que el par saliera del patrón de continuación de incremento o baja. Se había estado negociando dentro de un rango muy estrecho.

Es importante tener en cuenta que su estrategia fracasará si no tiene en cuenta la volatilidad en el mercado. Si realiza transacciones diarias y utiliza una orden de detención de pérdidas de 20 pips y una toma de ganancia de 100 pips, pero observa que, en promedio, el rango diario ha sido de 60 pips, nunca alcanzará su toma de ganancias. Si tiene una estrategia de tendencia, nunca logrará todo el potencial de la transacción si solo utiliza la toma de ganancias, es mucho mejor seguir la escala por debajo del máximo o mínimo reciente. Puede ver en el gráfico del capital donde solo tuvimos una orden de detención de pérdidas y una de arrastre en la primera mitad de la transacción, no obtuvimos muchas ganancias. Esto se debió a que en ese momento el rango no era tan amplio. Por lo tanto, usar solo una toma de ganancias y de detención de pérdidas no habría dado resultados óptimos. Una alternativa es volver a optimizar los parámetros cada mes utilizando los datos del año anterior o trimestral y yo prefiero usar parámetros basados en la volatilidad.

# CAPÍTULO 3:
## Efecto del Día de Semana: Introducción a la Volatilidad

En los capítulos anteriores nos hemos centrado en la anomalía del efecto del día de semana y en cómo podría mejorarse. Continuaremos mejorando la estrategia introduciendo la volatilidad.

Cualquier trader le dirá que la volatilidad es dinámica, está en constante cambio, a veces tenemos un exceso de volatilidad otras veces tenemos una contracción. Si optimiza su estrategia cuando el mercado tiene una volatilidad excesiva y luego en el momento de la ejecución de la transacción hay una disminución de la volatilidad probablemente no alcanzará su nivel de toma de ganancias. Lo que en cambio experimentará es que usara las detenciones frecuentemente. Es importante que sus niveles de riesgo y recompensa sean una función de la volatilidad actual del mercado. Justo antes del Brexit, por ejemplo, el GBPUSD se movió mucho más que su patrón normal de movimiento de precios. Vimos un exceso de volatilidad porque hubo numerosos informes de noticias conflictivas y confusas antes de la última votación. Si usted, como trader, hubiera realizado una transacción con una orden de detención de pérdidas de 20 pips, habría experimentado de forma seguida que sus transacciones alcanzarían esas órdenes de detención de pérdidas y se revertirían rápidamente después de alcanzarlas. Anteriormente mostramos cuán pobres podían ser los resultados cuando no calculamos la volatilidad. Ahora mostraremos la diferencia cuando incluye la volatilidad en su gestión comercial.

**Método**

Manteniendo nuestra estrategia de efecto del día de semana, abrimos la transacción en el primer tic del viernes. El par probado fue el mismo que se usó en los ejemplos anteriores, EURUSD. Nuestro período de prueba estimación fue del 01.01.1990 a 01.01.2012. El saldo inicial fue de 10,000 USD y la cantidad por transacción fue de 0.1. Implementamos un cambio en nuestra señal de entrada en comparación con nuestra última prueba. Anteriormente mencionamos que esta es una estrategia de tendencia, en otras palabras, compramos si la tendencia sube. Esto aplica a las tendencias a largo y corto plazo. Como traders, sabemos que esto también nos puede dar muchas ejecuciones en caso de pérdida si el mercado se sobrepasa. Si solo ingresa y compra al precio del mercado, podría estar dentro de un rango y esto normalmente da una relación de riesgo- recompensa muy pobre en el mejor de los casos. Por lo tanto, es mejor comprar en retrocesos porque tiene más distancia al tope anterior y una mejor recompensa-riesgo. La ejecución fue la siguiente: en la tendencia a largo plazo nuestro 20 EMA estuvieron por encima de los 60 EMA, sin embargo en la tendencia a corto plazo los 5 EMA estuvieron por debajo de nuestros 20 EMA. Es viernes, abrimos la transacción con nuestros ajustes. No compramos a ciegas sino en los retrocesos, como hacen los traders experimentados. Tuvimos menos transacciones pero eso fue bueno.

## Órdenes de Detención de Pérdidas y Toma de Ganancias Dinámicas

Ajustamos nuestra orden de detención de pérdidas y toma de ganancias como funciones de la volatilidad actual. Esto implica que se ajustó de acuerdo con la volatilidad actual y luego optimizamos los diferentes parámetros. Obtuvimos los siguientes resultados:

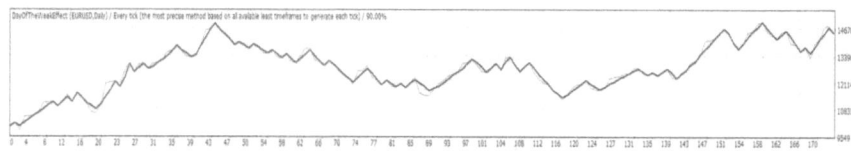

*Grafico mostrando la curva de capital usando la volatilidad junto con órdenes de detención de pérdidas y toma de ganancias*

Obtuvimos una ganancia total de 4,497 USD durante el período de prueba y un número Rel de 1.46 y una ganancia promedio de 26 USD.

## Orden de Detención de Perdidas, Toma de Ganancias y Punto de Equilibrio Dinámicos

Luego introdujimos un punto de equilibrio que era en función de la volatilidad actual y con esto aumentamos el beneficio promedio a 33.9 USD, una suma de ganancias de 5,687 USD y un número Rel de 2.05. Hubo una disminución de la volatilidad en la curva de capital y también

algunas de nuestras transacciones perdedoras se convirtieron en ganadoras al agregar un punto de equilibrio. Al utilizar esta función, también obtuvimos beneficios por encima de nuestro precio de entrada.

| Metodo | Ganancia promedio | Suma de ganancias | Transacciones ganadas | Transacciones totales | Desviación típica | Número Rel |
|---|---|---|---|---|---|---|
| SL & TP | 26.0 | 4497 | 98 | 173 | 234 | 1.46 |
| SL & TP & Breakeven | 33.9 | 5867 | 108 | 173 | 218 | 2.05 |

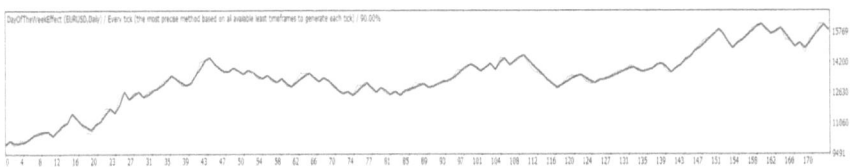

*Grafico mostrando la curva de capital usando la volatilidad junto con órdenes de detención de perdidas, toma de ganancias y punto de equilibrio*

Cuando usamos la orden de arrastre por debajo del punto previo más bajo, teníamos cierta distancia por debajo del mínimo de esa vela. También introduje esta distancia entre el alto mínimo anterior y la orden de detención de perdidas como una función de la volatilidad reciente. En esencia no usamos la orden de detención de perdidas, sino que permitimos que la orden de arrastre hiciera todo el trabajo, con esto obtuvimos los siguientes resultados:

| Metodo | Ganancia promedio | Suma de ganancias | Transacciones ganadas | Transacciones totales | Desviación típica | Número Rel |
|---|---|---|---|---|---|---|
| SL & TP | 26.0 | 4497 | 98 | 173 | 234 | 1.46 |
| SL &TP punto de equilibrio | 33.9 | 5867 | 108 | 173 | 218 | 2.05 |
| Orden de arrastre | 87.4 | 15119 | 68 | 173 | 370 | 3.11 |
| Orden de arrastre + punto de equilibrio | 95.8 | 16572 | 90 | 173 | 360 | 3.50 |

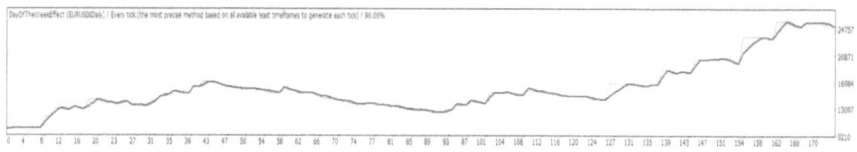

Grafico mostrando la curva de capital con solo una orden de arrastre

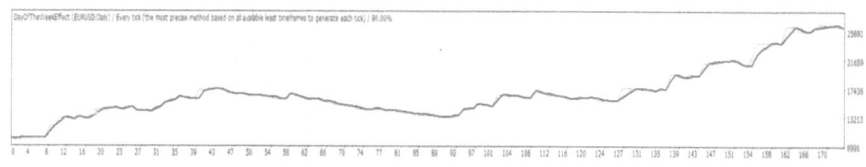

*Grafico mostrando la curva de capital con una orden de arrastre y un punto de equilibrio*

Vimos que al usar una orden de arrastre casi triplicamos nuestro rendimiento promedio, pero obtuvimos menos transacciones ganadoras, el beneficio total general aumentó a 15,119 USD y el número Rel a 3.11, lo cual es una mejora. Luego, introdujimos una función de punto de equilibrio en la que obtuvimos algunas ganancias después de que el mercado se moviera, esto también es una función de la volatilidad. Incrementamos nuestra ganancia y el número Rel a 3.5, una diferencia notable. La última vez que introdujimos el punto de equilibrio, obtuvimos peores resultados que cuando lo mantuvimos fuera de la transacción. Esta vez, cuando el punto de equilibrio fue una función de la volatilidad, obtuvimos mejores resultados. Sin embargo, lo más importante fueron los resultados de pronóstico.

**Prueba de Pronóstico**

Hemos estado refinando la estrategia y el objetivo es optimizar los datos de estimación y obtener buenos datos de pronóstico. Los datos obtenidos de nuestro pronóstico fueron desde 01.01.2012 a 01.09.2016.

| Método | Ganancia promedio | Suma de ganancias | Transacciones ganadas | Transacciones totales | Desviación típica | Número Rel |
|---|---|---|---|---|---|---|
| SL & TP | 26.0 | 4497 | 98 | 173 | 234 | 1.46 |
| SL &TP punto de equilibrio | 33.9 | 5867 | 108 | 173 | 218 | 2.05 |
| Orden de arrastre | 87.4 | 15119 | 68 | 173 | 370 | 3.11 |
| Orden de arrastre + punto de equilibrio | 95.8 | 16572 | 90 | 173 | 360 | 3.50 |
| Prueba de pronóstico | 37.3 | 1232 | 20 | 33 | 185 | 1.16 |

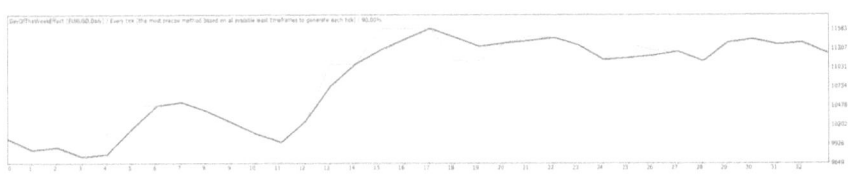

*Grafico mostrando la prueba de pronóstico*

Obtuvimos una suma de ganancias de 1,232 USD y un número Rel de 1.16, y 20 de las 33 transacciones fueron rentables. En realidad, estuve satisfecho con los resultados porque el par, a pesar de que tenían una tendencia a la baja a principios de 2014, terminó llegando a finales de año. Esta estrategia de tendencia a la alza se mantuvo en los mismos niveles durante un período de límite de rango lo cual fue bueno. La mayoría de las veces de los casos en que el mercado pasa de una opinión a otra, las personas generalmente experimentan grandes pérdidas. Sin embargo, nos mantuvimos nivelados con pocos retrocesos.

**Resumen**

No hay mucho más que cambiar o ajustar en este método. Es hora de que decidamos si se puede utilizar o no la estrategia de efecto del día de semana. Mi conclusión es que se puede usar y sigue siendo válida, pero no con la forma antigua en que los traders la han usado para administrar transacciones. Debe usar los puntos de equilibrio y asegurar algunas ganancias cuando una transacción se haya movido en su dirección deseada. Vimos que cuando no contabilizamos la volatilidad, mejoramos mucho los resultados de estimación, pero luego perdemos todo nuestro dinero en el período de pronóstico. Sin embargo, cuando optimizamos la contabilidad de la volatilidad, obtenemos resultados de pronóstico aceptables.

No recomendaría a nadie que ponga todo su dinero en un par. Es esencial que diversifique su riesgo entre pares de divisas y valores no correlacionados. Por lo tanto, si un par está variando, no está ganando mucho dinero o sufriendo una pérdida, el otro estará en una tendencia a la alza. Sus pérdidas en el par de divisas que están variando serán compensadas por mayores ganancias con el par de divisas que están en una tendencia a la alza. Ejecutamos esta estrategia para comprar en diferentes días, lunes, martes, etc., utilizamos las mismas configuraciones para administrar la transacción, también recibimos los resultados de que los viernes fueron los mejores días para comprar en un mercado con tendencia a la alza.

# CAPÍTULO 4:
## ¿Cuáles son las Ganancias Realistas a las que Debemos Apuntar en el Mercado?

Cuando muchas personas comienzan a comerciar, incluyéndome, a menudo se nos dice que es una buena manera de ganar dinero en un corto período de tiempo. Desarrollé algunas estrategias y para empezar, me fue bien pero también incluían enormes retrocesos. Con estos tipos de resultados, es fácil concluir que debe haber algo mal con la estrategia. En un momento dado tenía un 20% de rendimiento al mes, lo que significaba que estaba duplicando mi capital en seis meses. En algunos meses incluso tuve un 30%.

A pesar de lo buenos que fueron los resultados, los dramáticas retrocesos fueron una señal de que las cosas estaban lejos de ser perfectas. Luego me fui a una misión en un intento por descubrir cuáles eran los límites y cuáles eran los rendimientos realistas. ¿Dónde empezar? ¿Debo leer los foros? En realidad no porque están llenos de personas no avaladas que se jactan de duplicar sus cuentas en un mes, etc., sin que tenga acceso a sus datos comerciales. Desafortunadamente, incluso los datos comerciales pueden ser falsificados.

Quería averiguar cómo lo estaban haciendo otros profesionales, comparando mis resultados con los resultados de los traders institucionales. Estas son las personas a quienes se les pagan generosos salarios y bonificaciones para ganar dinero negociando o invirtiendo para los grandes fondos de inversión y los bancos.

Para lograr mis objetivos de investigación, había herramientas útiles como Barclay Currency Traders Index y Barclay Systematic Traders Index. Realizan un seguimiento de los resultados de más de 400 traders de divisas manuales y sistemáticos auditados a largo plazo.

## Traders Sistemáticos

| Año | % | Año | % | Año | % |
|---|---|---|---|---|---|
| 1980 | - | 1993 | 8.19% | 2006 | 2.10% |
| 1981 | - | 1994 | -3.18% | 2007 | 8.72% |
| 1982 | - | 1995 | 15.27% | 2008 | 18.16% |
| 1983 | - | 1996 | 11.58% | 2009 | -3.38% |
| 1984 | - | 1997 | 12.76% | 2010 | 7.82% |
| 1985 | - | 1998 | 8.12% | 2011 | -3.83% |
| 1986 | - | 1999 | -3.71% | 2012 | -3.20% |
| 1987 | 63.01% | 2000 | 9.89% | 2013 | -1.10% |
| 1988 | 12.22% | 2001 | 2.99% | 2014 | 10.32% |
| 1989 | 1.18% | 2002 | 12.09% | 2015 | -2.92% |
| 1990 | 34.58% | 2003 | 8.71% | 2016 | 0.32%* |
| 1991 | 13.37% | 2004 | 0.54% | | |
| 1992 | 3.25% | 2005 | 0.95% | | |

Desempeño estimado del año hasta la fecha de 2016 calculado con datos reportados de octubre 21-2017 12:08 US CST

Un vistazo desde enero 1987

| | |
|---|---|
| Rendimiento anual compuesto | 7.56% |
| Ratio de Sharpe | 0.34 |
| Peor retroceso | 22.07% |
| Correlación vs S&P 500 | -0.04 |
| Correlación vs Bonos de USA | 0.11 |
| Correlación vs Bonos globales | -0.04 |

El beneficio anual compuesto desde 1987 es del 7,56%.

## Los Traders de Divisas

Un vistazo desde enero 1987

| | |
|---|---|
| Rendimiento anual compuesto | 6.54% |
| Ratio de Sharpe | 0.32 |
| Peor retroceso | 15.26% |
| Correlación vs S&P 500 | -0.02 |
| Correlación vs Bonos de USA | 0.13 |
| Correlación vs Bonos globales | -0.02 |

| Año | % | Año | % | Año | % |
|---|---|---|---|---|---|
| 1980 | - | 1993 | -3.33% | 2006 | -0.12% |
| 1981 | - | 1994 | -5.96% | 2007 | 2.59% |
| 1982 | - | 1995 | 11.49% | 2008 | 3.50% |
| 1983 | - | 1996 | 6.69% | 2009 | 0.91% |
| 1984 | - | 1997 | 11.35% | 2010 | 3.45% |
| 1985 | - | 1998 | 5.71% | 2011 | 2.25% |
| 1986 | - | 1999 | 3.12% | 2012 | 1.71% |
| 1987 | 29.56% | 2000 | 4.45% | 2013 | 0.87% |
| 1988 | 4.28% | 2001 | 2.71% | 2014 | 3.35% |
| 1989 | 18.89% | 2002 | 6.29% | 2015 | 4.65% |
| 1990 | 57.74% | 2003 | 11.08% | 2016 | 0.25% |
| 1991 | 10.94% | 2004 | 2.36% | | |
| 1992 | 10.27% | 2005 | -1.21% | | |

Desempeño estimado del año hasta la fecha de 2016 calculado con datos reportados de octubre 21-2017 12:08 US CST

Los traders de divisas han experimentado un 6,54% de ganancias anuales compuestas desde 1987.

El mejor fondo tuvo una ganancia / retroceso máximo de 1, pero el promedio fue de 0.5 para todos los fondos. Esto significa que los "Gigantes" también experimentaron retrocesos que fueron el doble de los rendimientos. Con una visión a largo plazo, obtuvieron ganancias en general.

Puede consultar los índices de Barclay aquí: http://www.barclayhedge.com/research/indices/cta/sub/sys.html

# CAPÍTULO 5:
Crecimiento Rápido a Corto Plazo versus Crecimiento Lento a Largo Plazo

Examinaremos dos formas de operar en el mercado, a corto plazo con crecimiento rápido y a largo plazo con crecimiento lento. El motor del crecimiento rápido es el alto apalancamiento al que los traders tienen acceso en los mercados. Este apalancamiento le permite comerciar con mucha más exposición al mercado que los fondos que tiene disponibles en una cuenta. Esto también significa que está expuesto a riesgos adicionales, algunas personas podrían decir que está apostando. El riesgo de una pérdida total de capital puede ser muy alto. El aumento del riesgo se une a la oportunidad de tener un crecimiento más rápido. El segundo enfoque es desarrollar estrategias que le den ganancias más pequeñas y al mismo tiempo tener un riesgo menor.

Muchos consideran que el primer enfoque (rápido y de alto riesgo) es apostar con su capital y regularmente tiene una gran probabilidad de fracaso. El éxito, cuando ocurre, se debe en gran parte a la suerte y generalmente no dura un período de tiempo significativo. Solo un pequeño porcentaje de personas que van por el alto riesgo obtienen alguna recompensa financiera.

Algunas de las personas que logran ganancias significativas a través de sus aventuras iniciales con el alto riesgo, aprovechan su éxito para vivir de ese capital mediante el intercambio posterior de métodos de menor riesgo. Sin embargo, como se indicó, el riesgo de una pérdida total de capital es bastante alto y las probabilidades de éxito son algo bajas. Le sugiero que se esfuerce por construir capital gradualmente con una estrategia de bajo retroceso para mantener las pérdidas al mínimo.

El mercado de divisas trata de realizar operaciones calculadas teniendo en cuenta la preservación del capital y la gestión de riesgos. Su objetivo inicial es sobrevivir en el mercado. La supervivencia es una de las cosas más importantes para un trader y la razón por la cual la preservación del capital debe ejecutarse de manera agresiva. Controlar el riesgo debe ser una prioridad antes de buscar ganancias. Debe considerar más cómo evitar perder dinero en el mercado que cuánto capital desea extraer. Como digo en las clases, enseño "hacer que pueda sobrevivir al fracaso". Con esta base y la comprensión que tiene, podemos avanzar hacia el siguiente conjunto de estrategias.

# CAPÍTULO 6:
## Los Grandes versus Pequeños Traders

En este capítulo, revelaré más información sobre los mercados financieros, especialmente las diferencias entre los pequeños traders promedio y las instituciones.

**Promediar el Precio no Tiene Ningún Sentido**

Cuando comencé a trabajar como trader, era común escuchar "promediar el precio". Inicialmente, sonaba extraño y no tenía mucho sentido para mí. ¿Por qué la gente debería comprar si está disminuyendo el valor? Solo trate de pensarlo como una persona racional, ¿invertiría más dinero donde ya está sufriendo pérdidas? No, y no tiene ningún sentido para el inversionista promedio. También nos dijeron "recorte sus pérdidas y deje fluir sus ganancias", y esa es una muy buena estrategia comercial. Otra de las primeras lecciones fue que deberíamos tener al menos una relación riesgo / recompensa de 1: 2. Está en nuestra naturaleza como oportunistas, por lo general preferimos apostar cuando la expectativa de ganancia está más a nuestro favor. Esto es especialmente cierto cuando sabemos que el dinero que estamos invirtiendo al menos se duplicará cuando estemos en lo cierto, y perderemos menos si nos equivocamos. Incluso un tonto con una sola banana no quiere apostarla si sabe que no le devolverán al menos dos, queremos el doble de la cantidad que arriesgamos.

**Nada es Gratis, Incluso Tiene que Pagar por el Agua**

Cuando encuentra una buena receta, y si la sigue paso a paso, debe tener frente a usted un sabroso pastel o un delicioso plato. Se le dijo que si seguía exactamente la receta obtendría ese resultado.

De manera similar, lo que hacemos los traders / inversionistas es que creemos que si leemos libros o vemos videos y simplemente seguimos esas instrucciones, obtendremos un plan sólido que nos ayudará a tener éxito. Sin embargo, lo que estamos olvidando, que a veces se afirma en estas fuentes, es que pagamos para aprender a comerciar. Los beneficios no vienen sin riesgo. Tiene que arriesgar una cierta cantidad de dinero para obtener dinero del mercado. Leerá sobre la relación tradicional de riesgo a recompensa 1: 2. Lo que le están ofreciendo es una relación costo del libro a la riqueza. Es poco probable que alguien regale sus estrategias comerciales completas sobre cómo convertirse en millonario o multimillonario en un libro de 25 dólares mientras le enseña a tener una relación riesgo / recompensa de 1: 2. No incluyen la historia completa, la proporción de 1: 2 tiene sus méritos, pero nadie va a hacer esa transacción con usted, ni un bufón rechazará su oferta de 25 dólares si sabe que una estrategia rápida para enriquecerse realmente funciona. Otra razón por la cual NO se hacen reclamos de riquezas instantáneas en ninguna parte de este libro.

En los mercados es usted contra el resto del mundo comercial, las posibilidades de ganar son mejores para los más preparados. Cuando gana dinero, alguien del otro lado está perdiendo, no es como ganar ganancias con las frutas que está cosechando. Recuerde que está sacando dinero del bolsillo de alguien y no permitirá que eso suceda fácilmente. Incluso retirar sus propios fondos de un banco tiene una tarifa hoy en día, y sí, incluso paga por el agua, que es un recurso natural gratuito.

## Solución al Problema

Supongamos que usó 4 años de su tiempo libre, fines de semana y noches para convertirse en un trader exitoso. Leyó todos los libros de negociación en los que podría pensar. Leyó numerosas fuentes en línea que deberían ayudarle a tener éxito, pero nada ayudó. Entonces empieza a pensar en lo que podría estar mal con su enfoque cuando parece que otros lo están haciendo bien. Un error crucial en el juicio fue confiar ciegamente en parte de la literatura escrita sobre inversiones. Esta fue la experiencia de un trader amigo mío. Luego comenzó a agregar libros de filosofía a su lista de lectura. Los filósofos son pensadores críticos, le ayudaron a volverse crítico y pensar de manera diferente, lo que es una gran cualidad para tener como trader.

Recuerdo que mi amigo ni siquiera confiaba en los médicos. Para muchas personas, los médicos son una de las profesiones en las que más confían. Probablemente confiaría más en un médico que en un banquero. Ese impulso de confianza no debería ser tan sencillo como podría pensar. La literatura sobre salud, al igual que la literatura financiera se basa en estudios empíricos y hallazgos en los que tiene una hipótesis que intenta rechazar o demostrar que es significativa. Intenta vincular una causa y un resultado, si hace A, entonces ocurre B. Tenga en cuenta que estos estudios, en números notables, están expuestos a una gran cantidad de aleatoriedad que los autores probablemente intentaron "venderle" o modificando una teoría para esos resultados. Esto me recuerda el dicho: "Si tortura la información lo suficiente, confesará cualquier cosa". También en estos estudios hay un 5% de probabilidad de que los resultados sean incorrectos o no significativos. La lección es ser más exhaustivo y no aceptar información sin una evaluación racional antes de tomar su decisión.

Para reforzar mi punto de vista, debe intentar comprar una acción (en una cuenta demo) la próxima vez que un periódico financiero tenga información sobre el aumento de las ganancias reportadas por una compañía que cotiza en la bolsa. Esto proporcionará una comprensión práctica de lo que estoy escribiendo. He visto muchas veces que las acciones se desplomaron después de esas "buenas" noticias. ¿Quién paga la cuenta? El inversionista promedio, ¿quién gana el dinero? Los profesionales por supuesto, es por eso que recomiendo esta práctica de pensar críticamente y aprender de las personas que hacen trading. Por ejemplo, Warren Buffet es conocido por tomar buenas decisiones de inversión que también podría imitar, pero necesita tener objetivos similares a los que él tiene. Es un inversionista de valor a largo plazo.

**La desagradable Verdad**

Esta verdad se relaciona con la forma en que los fondos de cobertura y de pensiones profesionales comercian su dinero. Para aquellos que buscan o necesitan otra perspectiva sobre esto, les sugiero que vean la película La Gran Apuesta. Si no tiene tiempo para la película completa, puede ver los trailers en cualquiera de las plataformas de video en línea para tener una idea de qué se trata. En la película, los grandes fondos de inversión se vendieron, y se vendieron aún más, cuando sus posiciones iniciales experimentaron pérdidas. Estos actores del mercado pudieron mantener sus posiciones porque pidieron dinero prestado para los requisitos de margen. En la película, detallaron cómo estas personas ganaron miles de millones de dólares en la última crisis financiera. Inicialmente estaban cortos y cuando el mercado subía, se acortaban aún más al precio más alto, por cierto, no utilizaron una orden de detención de pérdidas.

Más sobre órdenes de detención de pérdidas. Los inversionistas como Warren Buffet no operan en el mundo de esas órdenes. No buscan salir de la caída del precio de una posición larga. Los trader bufet e institucionales no están usando ordenes de detección de pérdidas y pueden darse el lujo de no hacerlo porque tienen mucho dinero. Los fondos de inversión pueden permanecer en una transacción perdida durante mucho tiempo porque es solo una pequeña parte de su gran portafolio y tienen disponible una cantidad de capital casi inimaginable para los requisitos de margen.

Esto es de un artículo que explica cómo Buffet compró en una ola de ventas:

*Warren Buffett demostró que la venta masiva en las acciones de Wells Fargo & Co. este año le ha hecho amar aún más al gigante bancario, ya que aumentó su participación en la compañía a 504.3 millones de acciones, según los documentos regulatorios.*

*El WFC de Wells Fargo, con un -0.23% de acciones, cayó un 1,3% el martes, lo que sugiere que Buffett ha perdido alrededor de $ 327.8 millones en su participación el día.*

Enlace al artículo: http://www.marketwatch.com/story/warren-buffett- buys-more-wells-fargo-stock-on-a-dip-2016-03-29

El gurú pudo tener una posición abierta con una pérdida de $ 327.8 millones, en lugar de mostrar signos de preocupación, aumentó su apuesta. El inversionista promedio tendría dificultades para mantener la cabeza fría con una posición perdedora de unos pocos miles de dólares (USD). Esperemos que la diferencia sea cada vez más clara. Permítanme explicar con más detalle cómo las cosas son muy diferentes cuando un inversionista promedio negocia y como las grandes instituciones lo hacen.

**Trader Promedio:**

Este abrirá una posición larga con demasiado riesgo en la totalidad de su portafolio. Nuestro trader sabe que si esa transacción cae por debajo de cierta cantidad, dañará su cuenta y sufrirá detenciones. Además, si no cierra la posición, no habrá capital suficiente para otras transacciones. Para evitar este escenario, la orden de detención de pérdidas se ejecuta y se toma una pérdida en la transacción. Nuestro inversionista encuentra una nueva transacción y luego repite la estrategia.

## Los Grandes Traders:

Tienen un plan comercial, por lo general tienen solo una pequeña parte de su portafolio invertido en una sola transacción y tienen una estrategia de salida. También han hecho un análisis de "qué pasaría si" de su transacción antes de abrirla. Si van a largo plazo y la transacción cae, es un posible premio gordo para ellos. Estas instituciones compran a un precio bajo, luego compran de nuevo, tal vez incluso al doble de su posición inicial. Si todo sale mal y el corredor hace una llamada de margen, simplemente piden prestado dinero de su red o negocian los requisitos de margen.

¿Qué es lo que la mayoría (no todos), de los traders más pequeños e inexpertos no pueden hacer? Primero, es pedir prestadas grandes sumas de dinero con facilidad, segundo, lo que empeora las cosas, generalmente no tienen una estrategia de salida o un plan comercial. Muchos solo quieren abrir una transacción sin siquiera haberlo pensado mucho.

# CAPÍTULO 7:
## La Estrategia de Martingala Explicada

Aquí resaltaré y explicaré una técnica que ha obtenido beneficios increíbles en el transcurso de 5 a 6 años en nuestra prueba. Los resultados se detallan cerca del final del capítulo.

La estrategia que examinaremos se llama Martingala. Básicamente, requiere que aumente el tamaño de su lote y compre más (si es posición larga) cuando su posición inicial está en rojo. Es necesario que haya cierta distancia entre las órdenes para darle espacio a su transacción. Por cierto, esta estrategia también es utilizada por los apostadores, solo para informar y advertir.

La técnica de Martingala ha sido un interés mío durante algún tiempo, pero fue difícil comprenderla solo con las transacciones manuales. Por lo tanto, mi colega y yo escribimos un script y creamos un algoritmo. Tuvimos una señal de entrada junto con nuestra toma de ganancias. La entrada no resultó tan buena. El período de tiempo utilizado fue de 30 minutos y con un tamaño de lote de 0.01, junto con un saldo inicial de 10,000 USD.

Después de que se ejecutó la transacción inicial de posición corta, colocamos 5 órdenes de límite de venta pendientes por encima de nuestra señal de entrada.

Puede ver en el gráfico que una de las órdenes pendientes se activó y, rápidamente se cerró ambas órdenes en el punto de equilibrio.

En otro ejemplo de nuestra estrategia, tuvimos dos mecanismos de cierre. Uno solo se usa si la orden inicial se abrió, este es el disparador de la estrategia, otra se usa si una de las órdenes pendientes se activa, entonces cerraremos cuando tengamos una ganancia abierta total de 0, o punto de equilibrio. Si estuviéramos equivocados, habríamos agregado a la posición perdedora como respaldo. No optimizamos nada, el par de prueba fue de nuevo EURUSD y el período fue del 01.01.2010 a 10.26.2010.

Obtuvimos los siguientes resultados:

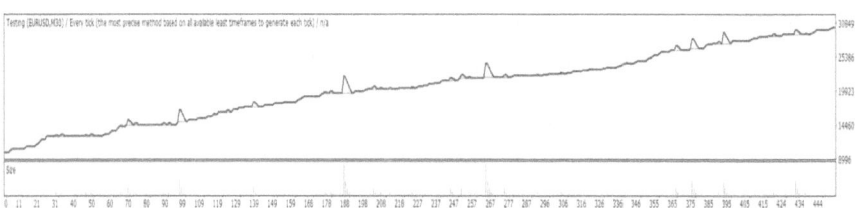

| | Ganancia promedio | Suma de ganancias | Transacciones ganadas | Transacciones totales | Desviación típica | Número Rel |
|---|---|---|---|---|---|---|
| 0.1 Starting lot | 45 | 20066 | 244 | 450 | 307 | 3 |
| 0.9 Starting lot | 401 | 180598 | 244 | 450 | 2763 | 3 |
| 0.9 Starting lot and stoploss | 207 | 86784 | 227 | 419 | 2710 | 1.6 |

*0.1 tamaño de lote inicial*

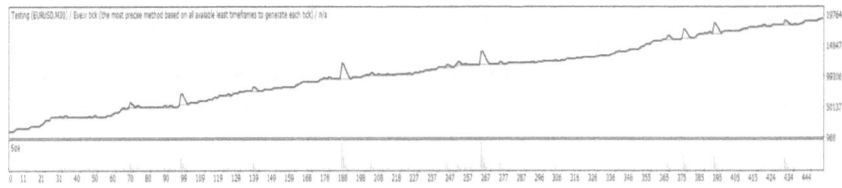

*0.9 tamaño de lote inicial*

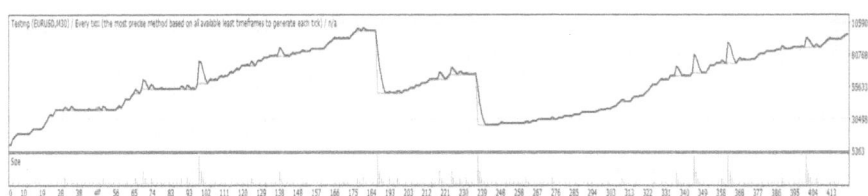

*Con una orden de detención de pérdidas en lugar de la quinta orden pendiente*

Realizamos un back-test de bajo y alto riesgo. Con el bajo la transacción inicial tuvo un tamaño de lote de 0.1 y con la prueba de alto riesgo el tamaño inicial del lote fue mayor en 0.9. Con 0.1, obtuvimos un retorno de alrededor del 200% durante un período de 5 años, con un promedio anual del 40% y con el alto riesgo que tiene mejores rendimientos durante el período de 5 años. Se puede ver que la curva de capital aumentó linealmente, lo que también fue bueno, no experimentamos ningún retroceso.

¿Qué sucede si también incluimos una red de seguridad para evitar una eliminación total de la cuenta? Para ejecutar la estrategia, coloqué 5 órdenes pendientes y la última fue editada con una orden de detención de pérdidas que significa que por encima de ese nivel se habrían cerrado todas las órdenes abiertas. Vimos una ganancia menor, pero tuvimos un aumento del 800% desde 2010.

También se ve en el gráfico que tuvimos algunos grandes retrocesos, para mí esta es una buena estrategia en lugar de ajustar otra para obtener una ganancia promedio. Me siento cómodo con cierto riesgo, pero no hubiera arriesgado más de 10,000 USD si quisiera hacer una transacción en vivo.

**Resumen**

Vemos que si deseamos comerciar como los grandes bancos, entonces necesitamos deshacernos de la mentalidad de detener las pérdidas. Cuando las instituciones están en el modo de compra, son en una posición larga y si la seguridad baja, simplemente compran más a un nivel inferior. Rara vez usan una orden de detención de pérdidas. Operan sin parar porque pueden. Lo que los traders más pequeños pueden arriesgar es una llamada de margen o una detención si la seguridad nunca retrocede. Los traders al ejecutar la estrategia, después de que la posición corta está abierta, pueden considerar el uso de una orden de detención de pérdidas además del lugar donde coloca órdenes de límite de venta. Si el precio aumenta aún más, cerrara todos sus pedidos y se lleva la pérdida. Si yo fuera un inversionista pasivo, preferiría esta técnica a siempre ser cazado por los corredores y perder transacciones. Se podría considerar esta estrategia, pero preferiblemente con bajo riesgo, tamaños de lote pequeños y como parte de un portafolio más amplio. Eche un vistazo al crecimiento constante de la curva de capital, nunca tuvimos un retroceso, lo cual es una buena señal para ganar dinero como lo hacen los grandes traders.

# CAPÍTULO 8:
## Uniéndose a los Ganadores – Cómo los Profesionales Manejan sus Negocios

Como hemos visto, la estrategia de Martingala es simplemente comprar más si es largo, o vender más si es a corto cuando el mercado va en contra de usted. Hay otra estrategia llamada Anti-Martingala. Para ejecutar esto, duplicará o triplicará su inversión cuando tenga ganancias. En nuestro escenario, usted ingresa al mercado y tiene una acción con un precio de entrada de $ 50. También tiene una regla predefinida de que si el mercado se mueve hasta $ 55, moverá la orden de detención de pérdidas de la primera transacción para equilibrar y abrir otra transacción con el doble del tamaño del lote. Su precio objetivo para ambas operaciones será de $ 60.

La ventaja de la estrategia es que si está en lo correcto, ganará mucho más dinero del que perderá cuando esté equivocado. El mercado no tiene que moverse tanto, porque ha aumentado el monto de sus transacciones. Esto se conoce como "uniéndose a los ganadores". La desventaja es que si el mercado se revierte después de que se inicie su segunda o quinta orden, ahora está comerciando con órdenes adicionales y experimentará pérdidas mayores.

| Scenario 1 | | | | | | |
|---|---|---|---|---|---|---|
| Transacciones: | Amount | Precio | SL | TP | Resultado | |
| 1 | 0.0100 | 1.5610 | 1.5600 | 1.5590 | | -10 |
| Total | | | | | | -10 |
| Scenario 2 | | | | | | |
| Transacciones: | Amount | Precio | SL | TP | Resultado | |
| 1 | 0.0100 | 1.5610 | 1.5600 | 1.5590 | | 0 |
| 2 | 0.0300 | 1.5600 | 1.5610 | 1.5590 | | -30 |
| Total | | | | | | -30 |
| Scenario 3 | | | | | | |
| Transacciones: | Amount | Precio | SL | TP | Resultado | |
| 1 | 0.0100 | 1.5610 | 1.5600 | 1.5590 | | 20 |
| 2 | 0.0300 | 1.5600 | 1.5610 | 1.5590 | | 30 |
| Total | | | | | | 50 |

Escenario 1: solo se activa la primera transacción y la orden de detención de pérdidas es activada cuando tenemos una pérdida de –10 USD.

Escenario 2: se activan ambas transacciones, pero la pérdida de la primera transacción se cambia a punto de equilibrio, pero si se activa la orden de detención de pérdidas de la segunda, se obtiene una pérdida de –30 USD.

Escenario 3: se activan ambas transacciones, y ambas llegan a tomar ganancias, obtenemos una ganancia total de 50 USD.

**Señal de Entrada**

Si tenemos un alto por encima de las bandas Bollinger y la vela después de que se cierre por debajo del cierre anterior, abrimos una pequeña transacción (ver gráfico).

**Gestión comercial**

Si el precio supera los 100 pips cerramos la transacción. Si el mercado se mueve 100 pips por debajo del precio de entrada de la transacción inicial, abrimos una segunda operación con el doble de la primera. Luego cambiamos la orden de detención de pérdidas de la primera transacción a punto de equilibrio. La orden de detención de pérdidas de la segunda transacción es la misma que el precio de entrada de la primera, que es de 100 pips. Ambas posiciones tienen una ganancia de 200 pips desde donde entramos en la primera transacción. Utilizamos una distancia basada en la volatilidad, nuestra distancia entre las órdenes es una función de la volatilidad diaria. Esto es importante porque, como se mencionó anteriormente, la volatilidad es diferente en diferentes momentos.

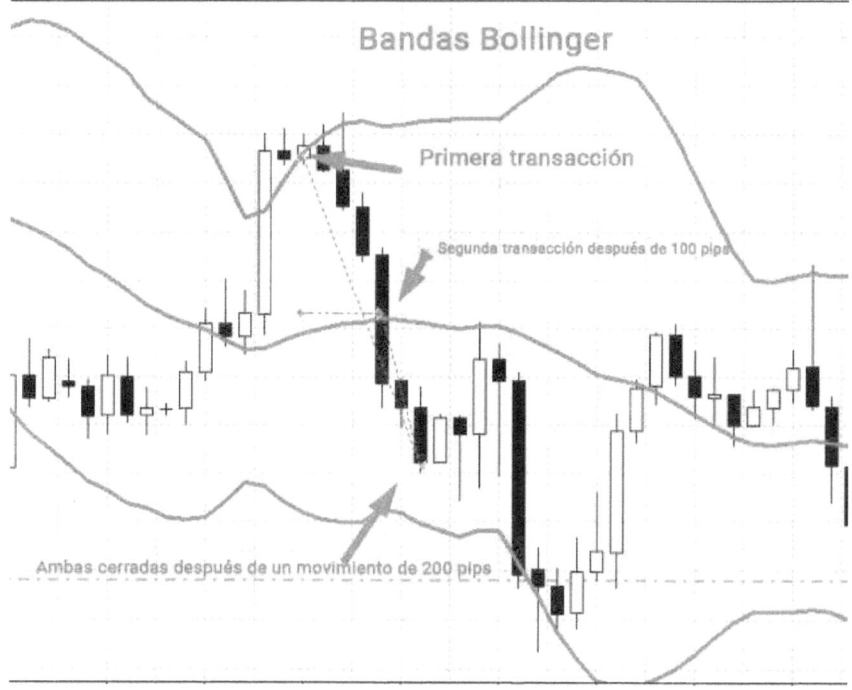

*Grafico ilustrando nuestra señal de entrada y la gestión comercial*

Instrumento de prueba: EURUSD

Período de prueba: 01.01.2009 - 01.01.2016 Saldo inicial: 10,000 USD

Plazo: gráfico de 4 horas

*Resultado de la prueba:*

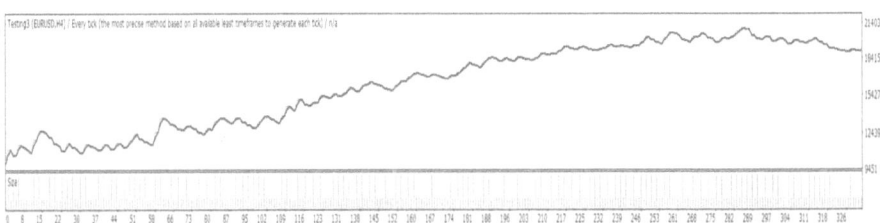

Durante un período de 7 años, obtuvimos alrededor del 90% de ganancias, de un total de 330 transacciones, 140 fueron rentables. Puede ver que la curva de capital también aumentó constantemente, lo que es bueno, tuvimos algunas pérdidas y algunas ganancias, pero en promedio ganamos dinero.

**Resumen**

Podemos concluir que esta herramienta de gestión de comercio es una buena manera de lidiar con transacciones que no tienen un buen perfil ganador. También se puede ver en la curva de capital que no experimentamos ningún retroceso grande. La clave es que debe asegurarse de que la distancia entre sus órdenes sea una función de la volatilidad. Se debe considerar esta estrategia si está buscando una alternativa a la relación tradicional de riesgo a recompensa de 1: 2 o 1: 3. Muchos traders profesionales utilizan esta estrategia con mucho éxito en sus transacciones.

# CONCLUSION

Gracias por llegar hasta el final de Asesor Experto y Estrategias de Trading de Forex. Esperemos que haya sido informativo y que haya podido proporcionarle algunas herramientas adicionales que lo ayudarán a alcanzar sus objetivos comerciales. El siguiente paso, como siempre recomiendo en mis libros, es tomar acciones. Configure una cuenta demo con su proveedor comercial favorito y pruebe las estrategias hasta que obtenga los resultados que necesita ver antes de abrir una cuenta real.

Mis otros libros que han sido probados para ayudar a los traders e inversionistas son: *Technical Analysis for Forex Explained* and *Expert Advisor Programming for Beginners: Maximum MT4 Forex Profit Strategies.*

# PERFIL DEL AUTOR

Wayne Walker es el director de una empresa global de educación y consultoría de mercados de capital (gcmsonline.info). Tiene varios años de experiencia en dirigir y entrenar equipos de asesores de inversión y ha administrado equipos de alto rendimiento en el grupo de clientes privados de Bench Mark Earnings (BME)

www.ingramcontent.com/pod-product-compliance
Lightning Source LLC
Chambersburg PA
CBHW030500220526
45464CB00006B/2589